Klaus Hillingmeier
Patrizia Balocco

REISE DURCH

SCHOTTLAND

STÜRTZ VERLAG WÜRZBURG

INHALT

Links *Kilt Rock, an einer Steilküste der Insel Skye gelegen, verdankt seinen Namen den auf ungewöhnliche Weise vertikal und horizontal übereinander geschichteten Basaltformationen.*
Rechts *Das Einhorn von Mercat Cross ist eines der Wahrzeichen Edinburghs.*
S. 1 *Vom Dach des Glamis Castle, einst Wohnsitz der Grafen von Strathmore und Klinghorne und ab 1372 Königsresidenz, kann man die umliegenden grünen Hügel bewundern.*
S. 2/3 *Ein Gutshof in der Nähe von Leckfurin.*
S. 4/5 *Die Burg von Eilean Donan, auf einer kleinen Insel gelegen, erscheint in einigen Szenen des Films „Highlander“ mit Christopher Lambert und Sean Connery.*
S. 6/7 *Der Leuchtturm von Neist Point prägt die Silhouette der Hebrideninsel Skye.*

Orkney
CAITHNESS
Thurso
SUTHERLAND
Loch Shin
The Minch
Hebriden
Beinn Dearg
Moray Firth
Skye
HIGHLANDS
Spey
Carn Eige
Loch Ness
ABERDEEN
Ben Macdui
Monadhliath
Dee
Sgurrna Ciche
Loch Arkaig
Loch Laggan
Loch Ericht
Grampian
Loch Shiel
Lochnagar
Ben Nevis
Loch Rannoch
Glas Maol
Ben Lawers
Loch Tay
DUNDEE
ATLANTISCHER
OZEAN
Mull
ARGYLL
Loch Earn
Ben More
Loch Awe
Loch Katrine
Loch Leven
Loch Lomond
KIRKCALDY
Jura
Firth of North
GLASGOW
EDINBURGH
GREENOCK
COATBRIDGE
PAISLEY
Islay
MOTHERWELL
Kintyre
Arran
Firth of Clyde
SOUTHERN
UPLANDS
DUMFRIES
Nordkanal
GALLOWAY
IRLAND
NORDIRLAND
ENGLAND

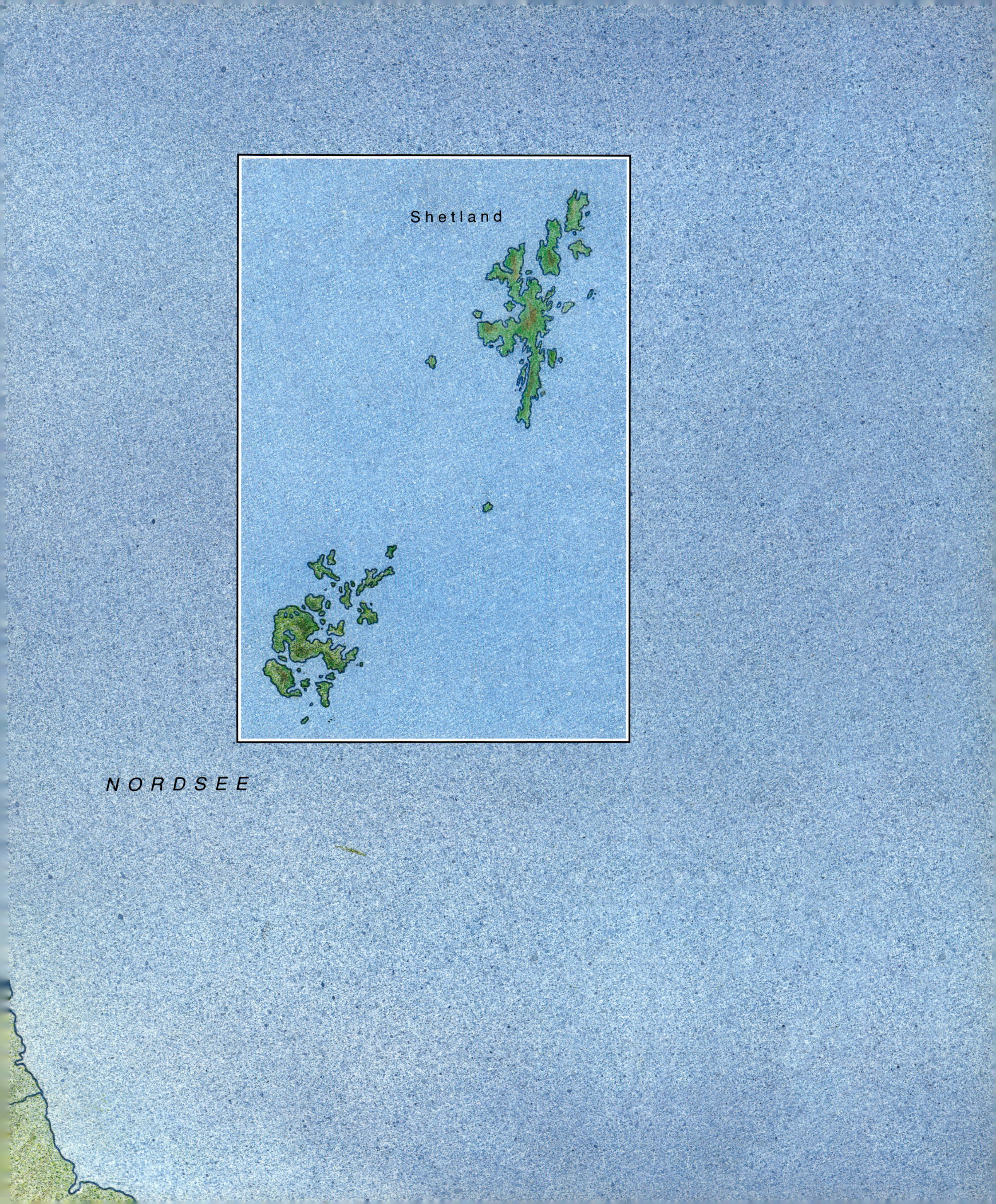
Shetland
NORDSEE

T&K BROWN
PHARMACY

SCHOTTLAND IST KEIN TEIL ENGLANDS

Schottland in seiner Gesamtheit zerfällt in drei Teile: in die Lowlands mit den Metropolen Glasgow und Edinburgh, in die Highlands, touristisches Zentrum des Landes, und in jenen Archipel von über 700 Inseln, der von den Hebriden, den Orkneys und den Shetlands gebildet wird. Von den knapp fünf Millionen Schotten lebt der überwiegende Teil in den großen städtischen Ballungsräumen im Süden des Landes, während das Hochland und die Hebriden zu den am dünnsten besiedelten Regionen Europas zählen.

Früher bildeten Kohle-, Stahl- und Werftindustrie die wirtschaftlichen Eckpfeiler des Wohlstandes, heute sind es der Fremdenverkehr und das zu einem bedeutenden Faktor gewordene Nordseeöl.

Politisch ist das Land gleich England und Wales ein fester Bestandteil Großbritanniens, vereint unter einer Krone, gemeinsam regiert vom Parlament in Westminister.

Zugleich trägt Schottland aber auch die Züge einer ziemlich selbständigen Nation. Dies wird dem Touristen spätestens beim Besuch einer Wechselstube in Edinburgh deutlich. Mit einigem Erstaunen wird er feststellen, daß er für seine Reiseschecks andere Banknoten als in London erhält. Nicht länger zieren Shakespeare und Wellington die Pfundnoten, stattdessen erscheinen Schriftsteller wie Burns, Scott und Stevenson oder schottische Nationalhelden wie Robert Bruce und Livingstone auf den Geldscheinen.

Schottland hat von England unabhängige Rechtstraditionen, eine eigene Nationalkirche, die »Church of Scotland«, welche im Gegensatz zur »Church of England« kalvinistisch geprägt ist, und – für das Nationalbewußtsein besonders wichtig – eine eigene Fußballmannschaft. Früher hatten die Schotten darüber hinaus auch ihre eigene Sprache, das Gälische, doch ist dieser keltische Dialekt durch 250 Jahre englischer Schulherrschaft heute nahezu ausgestorben. Schottland, das ist eine Nation ohne eigenen Staat. Die Einwohner dieses Landes sind nämlich zuerst Schotten und dann erst Briten, doch eines sind sie auf keinen Fall: Engländer.

Rechts *Die Kapelle wurde zwischen 1500 und 1505 erbaut. Ihr Turm, eine weithin sichtbare Laterne mit Steinkrone, ist das Erkennungszeichen des King's College, der ersten Universität (1495) von Old Aberdeen, heute die drittgrößte Stadt Schottlands.*

S. 12/13 *Hoheitsvoll thront dieser Gutshof in der Grampian Region. Kennzeichnend für diese Landschaft sind die selten gewordenen schottischen Kiefern.*

S. 14/15 *Anstruther ist ein typischer kleiner Frischereihafen auf der Halbinsel Fife, die sich zwischen dem Firth of Forth und dem Firth of Tay in die Nordsee erstreckt.*

»SCOTLAND THE BRAVE« – SKIZZEN AUS DER SCHOTTISCHEN GESCHICHTE

Wie von Giganten erschaffen ragen die Menhire von Callanish in den Himmel der Hebrideninsel Lewis. Rätselhaft für die Forschung, erklärbar durch die Legende: In dunkler Vorzeit hausten Riesen auf Schottlands Erde, bevor die ägyptische Königstochter Scotia mit ihrer Gefolgschaft das Land für die Menschen in Besitz nahm. In Wirklichkeit waren es Völker des Nordens, getrieben von steter Unruhe wie der Suche nach Land und Beute, die Schottland besiedelten. 1000 v. Chr. wanderten keltische Stämme in das Land ein, unter ihnen in barbarischer Wildheit bemalte Pikten. In den dunklen Jahrhunderten nach dem Fall Roms eroberten Angelsachsen den Süden, irische Seeräuber, Scoten genannt, den Westen und skandinavische Wikinger den Norden Schottlands.

Kaum war es den Königen aus dem Geschlecht Duncans im 11. Jahrhundert gelungen, alle diese Völker ihrer Vorherrschaft zu unterwerfen, als mit der normannischen Invasion ein übermächtiger Gegner im Süden erwuchs. Ein Vierteljahrtausend sollten Wilhelm der Eroberer und seine Nachfolger die Lehnshoheit über Schottland beanspruchen.

1314, als die Sache der schottischen Freiheit schon fast verloren schien, bereitete Robert Bruce den englischen Truppen Edwards II. bei Bannockburn eine vernichtende Niederlage. England mußte die Souveränität des Landes anerkennen, der Papst in Rom seinen Segen dazugeben.

Unter der Regentschaft Maria Stuarts erreichte die schottische Geschichte ihren dramatischen Höhepunkt. 1561 kehrt die junge Witwe aus Frankreich zurück und findet ihre Heimat verändert vor. Seit einem Jahr ist John Knox, kalvinistischer Reformator und gnadenloser Feind der Weiberherrschaft, der eigentliche Herr in ihrem Königreich. Ebenso schön wie politisch ungeschickt, scheitert die junge Monarchin. Sie wird durch den schottischen Adel zur Abdankung zugunsten ihres Sohnes gezwungen. Im englischen Exil, der Konspiration gegen Elizabeth I. überführt, findet sie den Tod durch das Beil.

1603, ironische Fügung des monarchischen Erbrechtes, wird Maria Stuarts Sohn Nachfolger der kinderlos verstorbenen Elizabeth. Für ein Jahrhundert regieren nun Stuart-Könige England und Schottland in Personalunion, bis 1714 die Schotten mit Schrecken registrierten, daß Georg I., deutscher Herzog aus dem Hause Hannover, in Edinburgh zum König ausgerufen wird.

1745 erhob sich Schottland ein letztes Mal gegen die Fremdherrschaft. Im Triumph zog »Bonnie Prince Charles«, umschwärmter Thronanwärter aus dem Hause Stuart, durch die Straßen Edinburghs. Wenige Monate später fanden die hochfliegenden Träume von schottischer Unabhängigkeit ein jähes Ende. Auf dem Schlachtfeld Culloden Moor vernichtete eine nach modernstem Maßstab ausgerüstete englische Armee die mittelalterlich bewaffneten Clankrieger des Stuartprinzen. In den Salven der englischen Grenadiere ging auch die patriarchalische Lebensform der

Das Tal von Schloß Corgarff (oben) und ein Fluß, der zur Bucht von Kentallen fließt (unten): Die unberührte Landschaft Schottlands hat Dichter und Maler, Literaten und Adlige, Könige und Königinnen gleichermaßen in ihren Bann gezogen. In Nebelschwaden gehüllte Schlösser und Burgen, karge, entlegene Landstriche, Berge und Täler, die sich in regungslosen Gewässern widerspiegeln – all das übte eine magische Anziehungskraft auf die Londoner Aristokratie aus. Begünstigt durch sich entwickelnde Verkehrsverbindungen zu diesem bislang vernachlässigten Teil des britischen Reiches, überboten sich die Adligen gegenseitig im Erwerb von Landgütern und in der Übernahme von Sitten und Gebräuchen, hüllten sich in Tartan und Kilt und maßen sich in endlosen Jagd- und Angelwettbewerben.

Die Faszination, die von Schottland ausgeht, erwächst aus dem Kontrast von Menschenwerk und der wilden Schönheit unberührter Natur: Flüsse und Seen, windumtoste Dörfer, Wasserfälle wie der am River Shiel (oben), kleine, einsam gelegene Häuser wie dieses in der Gegend von Inverbain (unten).
Viele Reisende, die hierher kommen, glauben sich in einer anderen, fremden Welt. Ihr Gefühl sagt ihnen, daß es eine ältere, ursprünglichere ist als jene, die sie kennen. Und sie wissen, daß sie wiederkommen werden. Irgendwann ...

Clans unter. Von ihrem Land vertrieben, sahen sich die Hochländer vor die Alternative gestellt, entweder auszuwandern oder als Söldner für das britische Weltreich ihr Blut zu lassen.

Im 19. Jahrhundert, als die Wunden der Geschichte vernarbt waren, fügte sich Schottland in seine Rolle als fester Bestandteil des britischen Königreichs. Doch spätestens seit 1934 mit der Gründung der »Scotish National Party« gibt es wieder Stimmen, die vehement eine Loslösung von England fordern. Die Zukunft wird erweisen, welches politische Potential im schottischen Nationalbewußtsein schlummert.

ROMANZEN IN STEIN UND MÖRTEL – DIE LOWLANDS

Kaum hat man hinter der englischen Stadt Carlisle die Grenze zu Schottland passiert, so gelangt man in den unscheinbaren Ort Gretna Green. In vergangenen Tagen war Gretna ein Wallfahrtsort für jugendliche Liebespaare, gab es doch hier jene weltberühmte Schmiede, in der man ohne Zustimmung der Eltern heiraten konnte. Bürokratie ist bekanntlich ein Feind aller Romantik, so beendete 1969 ein modernes Ehegesetz diesen ganz speziellen Schottlandtourismus.

Während es still um Gretna Green geworden ist, bricht der Pilgerstrom nach Alloway nicht ab. Der kleine Marktflecken ist das Mekka der Burnsverehrung. Hier erblickte 1759 der schottische Nationaldichter in einer kargen Bauernkate das Licht der Welt, hier spielt sein populärstes Gedicht, die Spukballade »Tam o' Shanter«, und hier erhält der Jünger alles – vom Burns-T-Shirt bis zum Burns-Whisky.

Nur ein anderer Ort in Schottland kommt Alloway an literarischem Ruhm gleich, Abbotsford, wo sich Walter Scott, reichgeworden durch seine historischen Bestseller, 1816–1823 eine Residenz errichtet hatte. In der mittelalterlichen Kulisse seines Landsitzes, umgeben von Altertümern und Antiquitäten, suchte der Romancier die Flucht ins verklärte Gestern. Doch 1825 holte ihn die Gegenwart grausam ein: Ruiniert durch einen Verlagsbankrott, war er gezwungen zu publizieren und lebte bis zu seinem Tode 1832 als Sklave seines Schreibtisches.

Nahe bei Abbotsford, idyllisch am Ufer des Tweed gebettet, träumen die Überreste von Melrose Abbey von den fernen Tagen des Mittelalters. Noch die Trümmer geben beredtes Zeugnis vom sagenhaften Reichtum der 1136 gegründeten Zisterzienserabtei. Nach der Zerstörung im 14. Jahrhundert durch die Engländer errichtete man eine neue Abteikirche, die mit ihrer phantastischen Bauplastik, verspielten Kapitellen und kunstreichen Ornamenten die Ketten der strengen Bauvorschriften des Ordens sprengte. Das letzte Kapitel der Klostergeschichte wurde im 16. Jahrhundert aufgeschlagen, als anstelle treusorgender Äbte uneheliche Söhne des schottischen Königs als »Verwalter« die Abtei regierten. Was blieb, ist die schönste Ruine Schottlands, für Fontane sogar die schönste der Welt, deren tiefe Poesie sich einzig dem einsamen Nachtwanderer offenbart.

Anders als für Melrose Abbey brach für Stirling Castle im 16. Jahrhundert ein goldenes Zeitalter an. Im Kranz der kalten grauen Mauern der mittelalterlichen Burg, Schauplatz der Ermordung zweier schottischer Könige, wurde ein prächtiger Renaissancepalast errichtet. Wundersam hielt der Geist der Antike Einzug in Schottland, künden Statuen von Jupiter, Venus und Saturn vom Herrschaftsanspruch mediterraner Götter über den Norden. Gleich dem legendären Ikarus versuchte 1507 der Hofalchemist John Damien von den Mauern Stirling Castles erneut mit einem Paar Flügel den Himmel zu erobern, um dann schmerzlich zur Erkenntnis zu gelangen, daß dies einzig den Göttern und den Vögeln vorbehalten ist.

Vom Tourismus wird Schottlands Süden unverständlicherweise vernachlässigt, kann doch der Reisende in den Lowlands einer einzigartigen Verbindung von Architektur und Literatur begegnen.

»A TALE OF TWO CITIES« – EDINBURGH UND GLASGOW

Edinburgh ist eine der ältesten Residenzstädte Europas, der Legende nach rührt der Name von jenem angelsächsischen König Edwin, der hier im 7. Jahrhundert eine erste Burganlage errichtet hatte. Noch heute beherrscht der Burgberg mit seinen spätmittelalterlichen Festungsmauern und Türmen die Silhouette der schottischen Hauptstadt, und immer noch scheint »Mons Meg«, die mächtigste Kanone des 15. Jahrhunderts, das friedliche Treiben der Unterstadt zu bedrohen.

Von der Burg aus führt der Weg über die Royal Mile zum Holyrood Palace. Ursprünglich Gästehaus eines Klosters, dann zu Beginn des 16. Jahrhunderts zu einem Palast umgebaut, ist der Name des Schlosses für alle Zeiten mit dem tragischen Schicksal Maria Stuarts verknüpft. Schon Fontane spürte ein Erschauern angesichts jener engen Kammer, in welcher der italienische Vertraute der Königin, Rizzio, erdolcht worden war.

Düster auch das Gesicht Edinburghs in jenen Tagen. Gefesselt in den zu engen Mauern der Stadt, baute man in die Höhe. Es entstanden mächtige Wohntürme bis zu 14 Stockwerke hoch, die nur wenig Platz für Luft und Licht ließen. »Auld Reekie«, die alte Verrauchte, bildete die ideale Kulisse für die Schauerromane eines R. L. Stevenson. Die Erzählung von Dr. Jekyll und Mr. Hyde hatte das Doppelleben des 1788 hingerichteten Deacon Brodie zum Vorbild,

Das Military Tattoo ist ein höchst feierliches militärisches Zeremoniell, das alljährlich während des Internationalen Festivals von Edinburgh abgehalten wird. Von Mitte August bis Anfang September wird die schottische Hauptstadt drei Wochen lang Tummelplatz für unzählige Theatergruppen, Orchester, Puppenspieler, Sänger, Schauspieler, Dudelsackpfeifer, Tänzer, Jongleure und Clowns.

eines ehrwürdigen Stadtrates, der nachts ein liederliches Leben als Spieler und Räuber führte. Berühmtester Bewohner der Altstadt war John Knox, dessen genußfeindliche Reformationswut ihm den Namen »Kill Joy« einbrachte.

1766 begann die Umgestaltung Edinburghs; zwischen Princes- und Queen Street wurde die weiträumige, klassizistische Neustadt errichtet. Die moderne Stadtplanung des Architekten Craig schuf endlich Raum für Konzerthallen, Theater, Galerien und Schottlands erster öffentlichen Bibliothek. Nun erhellte aufklärerischer Geist die Stadt: Adam Smith schaffte die Grundlagen der Nationalökonomie, der Empiriker David Hume leistete Schottlands bedeutendsten Beitrag zur Philosophie, die medizinische Abteilung der Universität genoß Weltruhm.

Edinburgh feierte sich als das Athen des Nordens und strebte nach seiner Akropolis auf dem Calton Hill. Jedoch blieb die 1822 begonnene Kopie des Parthenons unvollendet, eine hohle Fassade. Trotzdem fühlen sich die Musen nach wie vor in der Hauptstadt Schottlands wohl. Jedes Jahr, während des Edinburgh-Festivals, schäumt das kulturelle Leben über, werden Straßen und Plätze zu Konzertsälen und Theatern.

Eifersüchtige Rivalin Edinburghs ist Glasgow – ihr ebenbürtig an Alter, denn schon im 6. Jahrhundert errichtete an den Ufern des Clyde der Bischof Kentigern eine kleine Kirche. Heute steht an dieser Stelle die Kathedrale St. Mungo (so der schottische Name dieses heiligen Kirchenstifters), eine der schönsten frühgotischen Kirchenbauten des Landes.

Lange im Schatten der königlichen Residenzstadt Edinburgh, explodierte Glasgow in den Jahren der industriellen Revolution zur Metropole. Hunderttausende von Arbeitern, viele von ihnen irische Einwanderer, fanden Beschäftigung in der Stahl- und Werftindustrie. Zu Beginn unseres Jahrhunderts war jedes dritte Dampfschiff auf den Weltmeeren »made in Glasgow«.

Monumentale Bauten im überreifen Stil des viktorianischen Historismus geben Zeugnis von dem Wohlstand, den das Regiment Vulkans der Stadt einbrachte. Die Architektur der italienischen Renaissance war Vorbild für die »City Chambers«, dem Rathaus der Stadt. Den Neubau der Universität hingegen legte man in die Hände des George Gilbert Scott, einem der Meister der englischen Neugotik.

Ein besonderes Juwel der Stadt ist Mackintoshs »Glasgow School of Arts«, das schönste Beispiel der Jugendstilarchitektur Schottlands. Im Gegensatz aber zur floralen Heiterheit kontinentaler Bauweise ist der Charakter dieser Akademie streng und schlicht, fast schon mittelalterlich karg.

Im Schatten dieser Prachtbauten wuchsen die Elendsquartiere der Armen, ein Anblick – so ein französischer Reisender – wie die Illustration zu einem ungeschriebenen Dante-Gesang. Wichtigstes Ventil der Massen war neben dem Alkohl der Fußball. Das Jahr 1872 war die Geburtsstunde der schottisch-protestantischen Glasgow Rangers, die bald in unnachgiebiger Rivalität zu Celtic Glasgow stehen sollte, dem Verein der katholischen Iren.

Heute ist Glasgow bemüht, den Strukturwandel zu schaffen und das Image einer Stadt der Schwerindustrie abzulegen. Ein Meilenstein auf diesem Weg war die Wahl Glasgows zur europäischen Kulturhauptstadt 1990, die den Stadtvätern die einmalige Gelegenheit gab, der Welt die ungebrochene Vitalität und Zuversicht der Metropole am Clyde zu beweisen.

»NATUR IN IHRER WILDESTEN ANMUT« – DIE HIGHLANDS

Das schottische Hochland hat kein liebliches Antlitz. Schroff, karg und zerfurcht von den Gletschern der Eiszeit ist die Landschaft. Eine alte Reiseschilderung meint treffend: »Was nicht Heide ist, das ist gar Nacktheit«. Trotzdem hat das schottische Hochland seine eigene Magie. Zerklüftete Felskämme wechseln mit Hochmooren, dramatische Abgründe mit wilden Schluchten. Immer wieder scheint sich die Straße einzig durch die Kraft des Dynamits ihren Weg gebahnt zu haben. Überall ist Wasser, dringen Meerarme tief ins Land, füllen Seen die Täler, ergießen sich Gebirgsbäche. Herrscher in dieser Welt sind die nebelgekrönten Bergriesen, unter ihnen der größte der britischen Inseln, der gewaltige Ben Nevis. Man kann sich der herben Schönheit des Hochlands nicht entziehen, weder Wind noch Regen können den Bann der Landschaft brechen. Wen erstaunt es, daß die menschliche Phantasie diese Natur mit wilden Bestien bevölkerte. Prominentestes dieser Ungeheuer ist zweifelsohne das seit dem 6. Jahrhundert bezeugte Monster von Loch Ness. Trotz dieses ehrwürdigen Alters wird »Nessie« seit Jahrzehnten gnadenlos von Presse und Wissenschaft gejagt, einzig die moorigen Tiefen wahren die Privatsphäre der Diva vom See.

Die poetischste Pforte in dieses ungezähmte Land öffnet sich dem Besucher am Loch Katrine. An den Ufern dieses Sees lag die Wiege aller Schottlandbegeisterung seit den Tagen der Romantik. Loch Katrine ist Schauplatz von Scotts unsterblicher Ballade »The Lady of the Lake«, dem Hohelied auf die männlichen Tugenden der Hochländer und die natürliche Anmut ihrer Frauen. Unweit entfernt liegt der schönste See Schottlands, Loch Lomond. Hier führte Rob Roy, der schottische Robin Hood, seinen Privatkrieg gegen die Feinde der Freiheit.

Hart und entbehrungsreich war das Leben der Menschen dieser Region: Hafer die tägliche Nahrung, Torf das wichtigste Brennmaterial und ihr einziger Reichtum das Vieh. Lebensmittelpunkt des Hochländers bildete seit Urzeiten sein Sippenverband, der Clan. Vor den Tagen von Culloden Moor glich das Oberhaupt eines Clans einem kleinen König, umgeben von einem barbarischen Hofstaat mit Barden, Geschichtenerzählern, Dudelsackspielern und den Tacksmen, seinen mit den mächtigen schottischen Zweihändern bewaffneten Stellvertretern. Seine Herrschaft trug jedoch väterliche Züge, die Mitglieder seiner Sippe behandelte er nicht als Untertanen, sondern wie seine Kinder. Nichts anderes bedeutet, aus dem Gälischen übersetzt, das Wort Clan.

Erst im 19. Jahrhundert, als die Begeisterung der Königin für das über Jahrhunderte vernachlässigte Schottland ihren Höhepunkt erreichte, wählte das schottische Volk seine Nationaltracht: Es entschied sich für die Stilmerkmale der lange Zeit verachteten Minderheit, der Highlander: Kilt, Tartan, Mütze, Adlerfeder und Sporran (Tasche mit Silberapplikationen).
Besonders traditionsbewußte Schotten tragen diese Kleidungsstücke bekanntlich auch auf Reisen und sogar im Ausland. Das Aufsehen, das sie dadurch in der Regel hervorrufen, bestärkt sie nur noch in ihrem Stolz.

Die berühmten Highland Games waren eine Idee der Clanchefs, die auf diese Weise die geeignetsten Leibwächter auswählten. Heute werden in ganz Schottland über hundert solcher Veranstaltungen abgehalten: Da gibt es das Baumstamm- und das Flußsteinwerfen, Tauziehen, Laufen, Dudelsack- und Tanzwettbewerbe. Alle Teilnehmer tragen den Kilt und die typische Kleidung der Highlander. Die berühmteste Veranstaltung dieser Art ist das Royal Highland Gathering von Braemar, bei dem seit viktorianischer Zeit stets die königliche Familie zugegen ist. Aus diesem Grunde trifft sich hier halb Schottland; es ist eine Ehre und Pflicht zugleich, diesem Spektakel beizuwohnen.

Im Gegensatz zur Jahrtausende alten Lebensform der Hochländer steht ihr markantestes Kleidungsstück, der bei uns als Schottenrock bekannte Kilt. Erst im Verlauf des 17. Jahrhunderts verdrängte der Kilt die alte Hochlandtracht, den Plaid, ein Stück Stoff von zweimal sechs Metern, das mühsam um den Körper gegürtet wurde. Wer nun unbedingt jene pikante Frage beantwortet wissen möchte, was der Schotte unter seinem Rock trägt, dem sei der Besuch einer der zahlreichen »higlands games« empfohlen. Der aufmerksame Beobachter wird bestimmt das Geheimnis während einer der zahlreichen Lauf- und Wurfwettbewerbe lüften können. Unbestrittene Stars der Spiele sind jene Kraftmeier im Kilt, denen es beim »Tossing the Caber« gelingt, einen an die sechs Meter langen und 60 Kilo schweren Baumstamm mit einem gekonnten Wurf zum Überschlag zu bringen.

Die berühmtesten Hochlandspiele finden in Braemar statt. Sie stehen seit der ersten Schottlandreise der Queen Viktoria im Jahre 1848 unter königlichem Patronat. Die Reise war für die junge Königin der Beginn einer lebenslangen Liebe zu Land und Leuten. 1854 ließ sich Viktoria in Balmoral ihr Märchenschloß in den Highlands errichten. Nach dem frühen Tod ihres Mannes war der einzige Vertraute der einsamen Königin ihr schottischer Leibdiener John Brown, dessen warmherzige Treue nur von der skandalbegeisterten Londoner Gesellschaft mißgedeutet wurde. Noch heute ist Balmoral Reiseziel des englischen Königshauses. Während der Sommermonate wird nochmals die Erinnerung an jene fernen Tage wach, in denen der Glanz der englischen Monarchie ungetrübt war.

Zentrum des bürgerlichen Tourismus ist die schmucke Stadt Inverness, geadelt durch Shakespeares Macbeth, der hier einst seine Burg hatte. Einmal der wilden Anmut des schottischen Nordens verfallen, gehört das Herz dem Hochland auf Dauer, ob man nun adeliger Abstammung oder bürgerlicher Herkunft ist.

INSELN IM MEER DER ZEIT – DIE HEBRIDEN

Seit Anbeginn der Zeit tobt an der Westküste Schottlands der große Kampf der Elemente, jene wilde Vermählung von Meer und Festland, welche die Inselwelt der Hebriden zeugte und deren gradioses Naturpanorama schuf.

Ehrwürdigste unter diesen Eilanden ist Iona, hier gründete 563 der heilige Columba, Jünger des irischen Kirchenvaters Patrick, die erste christliche Gemeinschaft Schottlands. Abgewandt von den Eitelkeiten der Welt, suchten über Jahrhunderte Mönche auf Iona ihr Seelenheil. 48 Könige, Schotten, Iren und Norweger, zu ihren Lebzeiten Männer des Schwertes, fanden in ihrem Boden die letzte Ruhe.

Lange Zeit bot die Insel den traurigen Anblick eines Trümmerfeldes, bis mit der 1938 gegründeten »Iona Community« die Kirchen und Klöster restauriert und die Ideale der frühen Christen wiederbelebt wurden.

Nahe bei Iona liegt Staffa mit Fingals Höhle. Diese durch Tausende Basaltstäbe gebildete Meeresgrotte ist eine Kathedrale der Natur, erfüllt vom ewigen Choral der Gezeiten. Das einmalige Naturschauspiel inspirierte Turner zu einem seiner schönsten Bilder, Mendelssohn zu seiner 1829 entstandenen Hebridenouvertüre, einem Meisterwerk musikalischer Landschaftsmalerei.

Lewis, die größte Insel der äußeren Hebriden, muß vor 4500 Jahren ein heidnisches Iona gewesen sein. Aus der Tiefe dieser steinzeitlichen Vergangenheit ragen die 48 Monolithen des Steinkreises von Callanish in unsere Gegenwart, Tempel einer verlorenen Religion, Kultstätte lange vergessener Götter. Durch die Zeit ihres Sinnes beraubt, wurden die mächtigen Male ein Teil der Landschaft.

Südlich von Lewis liegt die Halbinsel Harris, Heimat des gleichnamigen Stoffes, den ca. 750 Webereien dort herstellen. Robust und wetterfest, entzieht sich Harris Tweed nicht nur jedem Trend, sondern hat in der vergänglichen Welt der Mode eine einzigartige Eigenschaft: Anstelle zu altern, reift er mit den Jahren und gewinnt einen eigenen Charakter. Keine Kleidung für Dandys, doch das richtige Tuch für einen Gentleman.

An Sonntagen scheint die Zeit auf den Hebriden vollkommen stillzustehen, denn der Tag des Herrn wird hier mit geradezu alttestamentarischer Strenge eingehalten. Pubs sind geschlossen oder weigern sich, härtere Getränke als Tee und Kaffee auszuschenken. Es soll noch glaubensstrenge Familien geben, bei denen am siebten Tag der Herd kalt und der Fernseher aus bleiben.

Iona, Staffa, Lewis und Harris sind nur vier der über 700 Inseln Schottlands, jede für sich einzigartig in ihrem Wesen. Doch allen diesen Welten aus Moos und Stein ist die Magie gemeinsam, der Zeit ein eigenes, ruhiges Tempo abzugewinnen.

MIT LEIB UND SEELE SCHOTTE

Die Tafel der Schotten sei nicht besser als die der Eskimos, so urteilte 1775 Samuel Johnson. Noch heute wird Schottland den übersättigten Gourmet enttäuschen, vergeblich bleibt dessen Suche nach lukullischen Extravaganzen, überfeinerten Saucen oder exotischen Gewürzen. Einfach und ehrlich ist die schottische Küche. Sie vertraut auf den natürlichen Reichtum des Landes an Fisch und Wild. Eine schier unbegrenzte Auswahl an Süß- und Salzwasserfischen vom plebejischen Brathering (Kipper) bis hin zur aristokratischen Lachsforelle begeistert den Fischfreund. Der einzigartige Geschmack eines mit Thymian und anderen Kräutern gewürzten Moorhuhns (Grouse) oder einer Wildente läßt alle Poularden Frankreichs vergessen. Darüber hinaus besteht kein Mangel an delikatem Lamm- und Rindfleisch, gilt das schottische Angusrind doch als unübertroffen schmackhaft.

Ein elementarer Bestandteil der Hochlandküche ist Hafer. Einen süffisanten Engländer bewegte dies zu dem Kommentar, die Schotten äßen Getreide, das ein Londoner nur seinen Pferden zumute. Das neben Porridge wohl bekann-

Oben *Stirling, Hauptort der Central Region, bildet das „Tor zu den Highlands". Neben der mächtigen Burg kann das Städtchen mit Stolz auf die spätgotische Church of the Holy Rude verweisen, von wo aus man ein großartiges Panorama genießt. Hier wurde der gerade ein Jahr alte Sohn Maria Stuarts, James II., zum König von Schottland gekrönt.*

Unten *Dryburgh Abbey erhebt sich an den stillen Ufern des Tweed. Das Kloster wurde 1140 von König David II. gegründet und gehörte im 12. Jahrhundert zu den vier bedeutendsten Abteien dieser Region. Der Komplex wurde mehrmals geplündert und im Jahre 1544 auf Weisung Heinrichs VII. fast völlig zerstört. Hier ruht Sir Walter Scott, Verfasser jener historischen Romane, die im 19. Jahrhundert zur Entstehung des Mythos der Highlands beitrugen.*

Unten *Der elegante Hauptturm von Culross Abbey wurde 1217 errichtet und wegen seiner exponierten Lage zum geeigneten Ort für eine Gemeinschaft von Zisterziensermönchen. Culross, einst bekannt für die Herstellung von Gürteln, zählt fraglos zu den schönsten Dörfern Schottlands. Hier gelang es, die faszinierende Atmosphäre eines bürgerlichen Gemeinwesens aus dem 17. und 18. Jahrhundert zu bewahren.*

S. 26/27 *Das traumhaft gelegene Loch Maree, unweit der Ortschaft Poolewe, gilt als einer der schönsten Binnenseen ganz Schottlands.*

S. 28/29 *Dunvegan Castle, auf einem Felsplateau an den Ufern des gleichnamigen Sees auf der Insel Skye errichtet, ist seit mehr als 750 Jahren Sitz des einflußreichen Clans der MacLeods.*

teste Produkt aus Hafer sind die Oatcakes, leicht salzig schmeckende Plätzchen, eine mehr als ideale Ergänzung zum Käse.

Unentbehrlicher Bestandteil ist das Getreide auch für den Haggis, einen mit Innereien und Haferschrot gefüllten Schafsmagen, ursprünglich ein Gericht der Armen, für die weder Fleisch noch Fisch erschwinglich waren. Es braucht schon den sprichwörtlichen Mut eines Hochländers, um dieses schottische Nationalgericht zu probieren. Doch diese Verwegenheit wird belohnt, denn der Haggis ist nicht nur ein äußerst würziges und wohlschmeckendes Gericht, sondern bietet zudem eine solide Grundlage zum Whiskytrinken.

Kein Wunder also, daß diese Spezialität fester Bestandteil der Feierlichkeiten zum »Robert Burns' Day« ist. Das Fest, Erinnerung an den Geburtstag des Nationaldichters, bietet für gestandene Schotten willkommenen Anlaß, große Mengen ihres Nationalgetränkes zu konsumieren. Mit gutem Recht, war doch der Barde selbst der festen Überzeugung, daß Whisky und Freiheit unzertrennliche Geschwister seien.

Der Name des Getränkes kommt vom gälischen »uisge beatha«, was übersetzt Lebenswasser bedeutet. Schon im 12. Jahrhundert genossen irische Mönche dieses Elexier, das schnell auch beim schottischen Nachbarn Verbreitung fand. Die geläufige Definition, Whisky sei nichts anderes als destilliertes Bier, gibt ein vereinfachtes Bild von der diffizilen Herstellung dieses keltischen Zaubertrankes: Erst muß Gerste keimen, daraufhin in pagodenartigen Darröfen über einem Torffeuer sich in Malz verwandeln, um schließlich – nach einem Maischprozeß – gebrannt zu werden. Nicht zuletzt das Wasser ist für Geschmack und Qualität des Endproduktes entscheidend, weswegen man die meisten Destillerien vor einer unberührten Naturkulisse findet. Danach muß nun der Whisky über viele Jahre in Eichenfässern ruhen und reifen, wobei bis zu 25 Prozent der kostbaren Flüssigkeit verdunsten – Tribut an die Engel und andere himmlische Wesen.

Beim Kauf von »Scotch« ist jedoch Vorsicht geboten, denn so manche Flaschen tragen zwar den Hinweis »bottled and blended in Scotland«, dieser besagt aber nichts anderes, als daß Kornbrand fragwürdiger Herkunft mit schottischem Maltwhisky verschnitten wurde.

Ganz anders verhält es sich mit den »Single Malt Whisky«, hochblütigen Aristokraten mit unzweifelhaftem Stammbaum. Gleich alten Adelsgeschlechtern hat auch jeder Malt seine ganz eigene, unverkennbare Physiognomie. Die Whiskys aus dem Lowland sind leicht und zart, haben eine fast feminine Note, diejenigen aus dem Hochland, kräftig im Malzton, schmecken immer ein wenig nach Rauch und Torf. Die Malts der Hebriden von Islay im Süden hin bis zu den Orkney Inseln erinnern mit ihrem feinen Aroma von Salz und Tang an die See.

Dergestalt spiegelt sich die Vielfalt der Natur Schottlands mit ihrer ganzen herben Schönheit in diesem Lebenswasser. Wer ihm einmal verfallen, wird Rudyard Kipling beipflichten, Whisky sei kein Getränk, sondern eine Weltanschauung.

BEZAUBERNDE HEIDELANDSCHAFT

Links *Die beiden Abbildungen illustrieren sehr gelungen die Agrarlandschaft des Fife, einer der zwölf Regionen, denen die schottischen Grafschaften untergeordnet sind. Diese administrative Organisation ist erst seit 1975 in Kraft. Bis dahin war das Land in 33 Grafschaften unterteilt, die Verwaltung oblag den County Councils, Burgh Councils und District Councils. Die Region, die gegenwärtig die meisten Grafschaften unter sich vereint, ist Strathclyde: Sie umfaßt Argyll, Ayr, Bute, Dunbarton, Lanark und Renfrew.*

Rechts *Wie eine perfekte Filmkulisse erscheint die eindrucksvolle Ruine von Dunnottar Castle, das einst die Marschälle von Schottland beherbergte und auf einem 50 Meter hohen, weit ins Meer ragenden Felssporn liegt. Hier waren viele schottische „Covenanters" (Anhänger des National Covenant, der Nationalpartei im Jahre 1638) inhaftiert, und hier waren im 17. Jahrhundert auch die Honours of Scotland, die Regalien des schottischen Königshauses, versteckt, damit sie nicht den Truppen Cromwells in die Hände fielen.*

Ben Nevis, König des Schnees

Die höchste Erhebung Großbritanniens, der 1345 Meter hohe Ben Nevis am Osthang des Glen, zeigt sich im Winter wenig einladend. Von seinem Gipfel, der über mehrere Saumpfade recht problemlos zu erreichen ist, bietet sich ein grandioses Panorama: von den Hebriden hin zu den Tälern und Bergen von Torridon, Cairn Gorm und Glen Coe. Gleichwohl kann hier aufgrund der Launenhaftigkeit des schottischen Wettergottes selbst im Sommer die Temperatur unter null Grad Celsius sinken.

Traumhafte Buchten, ungezähmtes, weites Land

Links *Das Glenfinnan Monument, eine mit der Statue eines Hochländers gekrönte Säule, bildet den nördlichen Abschluß des buchtigen Meeresarms des Loch Shiel. Es wurde im Jahre 1815 zum Gedenken an jene Männer errichtet, die ihren Einsatz für die Sache des unglückseligen Bonnie Prince Charlie mit dem Leben bezahlen mußten, hißte doch hier 1745 der Prinz unter dem Jubel von 5000 Männern, die der Clan der MacDonalds dort versammelt hatte, das Banner der Stuarts und gab damit das Startsignal für den leidvollen Kampf um die schottische Thronfolge.*

Rechts *Meer, Seen, Flüsse und Bäche – Wasser ist von jeher ein nicht wegzudenkender Bestandteil der schottischen Landschaft. Und dieses Element bildet auch die Grundsubstanz für „uisge beatha", das von keltischen Mönchen eingeführte Lebenswasser, den Whisky. Er wird zum schottischen Nationalgericht „Haggis" gereicht und begleitet die Schotten ein Leben lang. Tatsächlich werden Neugeborene traditionsgemäß mit einem Teelöffel Whisky willkommen geheißen, bei Beerdigungen wird er rundenweise in Gläsern gereicht. Auch an Silvester will es die Tradition, daß Whisky als Symbol des Lebens, Salz für erhofften Reichtum und Kohle als Zeichen für Wärme den Hausherrn begleiteten, wenn er, um das Schicksal positiv zu stimmen, als erster die Schwelle des Hauses überschreitet. Der schottische Whisky setzte sich schnell als Qualitätsgetränk durch, so daß er in Puccini-Opern wie „Das Mädchen aus dem goldenen Westen" oder „Madame Butterfly" immerhin eine Statistenrolle spielen durfte.*

In den nördlichen Highlands, nahe Durness und dem Fischereihafen Tongue, fegt über Strände und Klippen oft ein eisiger Wind. Die Nähe zum Nordpol ist unverkennbar. Hier ist der Lebensraum der Papageientaucher, der Seehunde und Bläßhühner, der Regenpfeifer sowie verschiedener Meeresvögel. In der Umgebung von Durness befinden sich einige regionale Sehenswürdigkeiten: die Smoo Caves, in die sich der Fluß Alt Smoo als unterirdischer Wasserfall ergießt; außerdem der Strand von Balnakeil mit zahlreichen Handwerksbetrieben der Holz- und Silberverarbeitung, Reste einer Kirche aus dem 8. Jahrhundert und ein kleiner Friedhof mit interessanten Grabplatten.

S. 38/39 *Die Küste von Melvich. Die unberührten Weiten Schottlands bilden das natürliche Domizil für zahlreiche Tierarten. Diese haben, so etwa das Soay-Wildschaf, Merkmale und Verhaltensweisen entwickelt, die von denen verwandter Gattungen auf dem Kontinent abweichen. Andere Spezies, wie die Wildkatze, das Rebhuhn, der Fasan, der Rothirsch oder der Auerhahn haben in den Hochebenen der Highlands und der Grampian Mountains den idealen Lebensraum gefunden, wo sie sich besonders wohlfühlen.*

S. 40/41 *Der Wasserfall des Loch Maree wurde 1877 Queen Viktoria ge-*

widmet: Die Monarchin besuchte in jenem Jahr den 21 Kilometer langen und von über 1000 Meter hohen Bergen eingerahmten See und war hingerissen.
Für sich entdeckt hatte Viktoria Schottland, und hier vor allem die Highlands, allerdings bereits 1848. Sir James Clark, der Leibarzt, hatte der Königin schon in jungen Jahren das trockene Klima der schottischen Berge gegen das Rheuma verordnet.

Der Reichtum an Lachsen, Bach-, Meer- und Regenbogenforellen in den Seen, Flüssen und Bächen Schottlands ist wirklich erstaunlich. Neben der Rothirschjagd gehört Lachsfischen zu den beliebtesten sportlichen Aktivitäten unter wohlhabenden Anglern und Jägern, die aus Großbritannien und Europa, aber auch aus dem Mittleren Osten und aus Nordamerika kommen. Nicht selten wird für eine einwöchige Angelerlaubnis an den Flüssen die astronomische Summe von 25000 Pfund Sterling verlangt.

Highland Cattle, das wegen seiner Widerstandskraft und der Qualität seines Fleisches hochgeschätzte Vieh des Hochlandes, wird heute nach Frankreich und Deutschland exportiert. Seit Jahrhunderten wird es mit Treber gefüttert, einem Abfallprodukt der Whisky-Brennereien. Im 17. Jahrhundert, als es in den Highlands zwischen Steuerbeamten und schottischen Schwarzbrennern zu Auseinandersetzungen kam, gaben es letztere den Tieren ins Futter, um sich des belastenden Beweismaterials zu entledigen.

Privathäuser und Gutshöfe, die überall auf dem Land zu finden sind, bieten häufig die typische Gastlichkeit des »bed & breakfast« und so die Möglichkeit, die Liebenswürdigkeit der Schotten und die Schönheit ungebändigter Natur in vollen Zügen genießen zu können. Einst war das Land reich an Kiefern- und Eichenwäldern, doch im Laufe der Zeit wurde der schottische Waldbestand erheblich reduziert. Die staatlichen Wiederaufforstungen seit Beginn dieses Jahrhunderts, die in den Highlands von Steuererleichterungen flankiert wurden, haben dazu geführt,

daß Schottland heute über 600000 Hektar Wald verfügt, davon 50 Prozent im Besitz der öffentlichen Hand.
S. 46/47 *Der Fischereihafen Scalloway auf den Shetland-Inseln, bis vor 200 Jahren Hauptort des Archipels, ist heute ein florierendes Zentrum der fischverarbeitenden Industrie. Das kleine Städtchen diente 1942 der norwegischen Kriegsmarine als Hafen; heute beherbergt es ein kleines Museum und die Reste einer Burg. Sie wurde im 16. Jahrhundert für den für seine Grausamkeit berüchtigten Grafen Patrick Stuart errichtet, blieb jedoch unvollendet.*

Oben *Der Archipel der Orkneys umfaßt rund 70 Inseln, von denen 23 bewohnt sind (17000 Einwohner). Die Inseln verfügen über buchtenreiche und zerklüftete Küsten, und obwohl sie auf demselben Breitengrad wie Grönland liegen, erfreuen sie sich dank des Golfstroms eines gemäßigten, milden Klimas. Im Winter sind in Kirkwall auf der Hauptinsel Main-*

Die Orkneys, Inseln des Windes

land die gleichen Temperaturen wie in London. Die baumlose, hügelige Landschaft ist wie geschaffen für den Gemüse- und Getreideanbau sowie für die Vieh- und Schafzucht.

Links unten *Wie die Shetlands gehörten auch die Orkneys jahrhundertelang der norwegischen Krone. Erst 1472 kamen sie unter das schottische Szepter. Unzählige Meeresvogelarten nisten in den Klippen, nicht zuletzt in den neun Naturreservaten. Zu ihnen gehört auch Marvich Head (Foto) auf Mainland. Für Ornithologen sind die Inseln ein beliebtes Ziel.*

Unten *Erste menschliche Siedlungen auf den Orkneys entstanden vor fast 5000 Jahren. Der Ring of Brodgar auf Mainland ist ein großer Kreis aus 36 (von ursprünglich 60) Steinen, die einst einen Ring von 300 Metern Durchmesser bildeten. Von den Monolithen, die aus derselben Epoche wie die ägyptischen Pyramiden stammen sollen, geht eine geheimnisvolle Faszination aus. Einige Forscher halten sie für ein Mondobservatorium. Gleichwohl ist ihre Funktion nach wie vor nicht eindeutig geklärt. – was ihre Anziehungskraft noch erhöht.*

Skye ist die größte und bekannteste Insel der Inneren Hebriden. Der Archipel besteht aus über 500 zumeist unbewohnten Inseln.
Dank des nahen Golfstroms erfreuen sie sich eines bemerkenswert milden Klimas, bei dem die Temperaturen normalerweise zu allen Jahreszeiten nie unter -3 Grad Celsius fallen. Nachdem sie zunächst von dem irischen Mönch St. Columba christianisiert worden waren und der norwegischen Krone unterstanden hatten, kamen die einsam gelegenen Inseln erst während der Amtszeit James' IV. unter schottische Herrschaft. Skye liegt wie die gesamte Inselkette in einer Region mit ausgeprägtem vulkanischem Ursprung.
Die bergige Insel besteht überwiegend aus Granitgestein. Neben Tourismus, Fischfang und Ackerbau stützt sich die Wirtschaft von Skye und den übrigen Hebriden auf die Tweedherstellung.

Die Hebriden, ungezähmte keltische Schönheit

S. 52/53 *Skye hat eine Fläche von 1665 Quadratkilometern.*
S. 54/55 *Harris umfaßt den südlichen Teil der größten der Äußeren Hebriden, einer Insel mit einem Doppelnamen: Lewis und Harris. Neben der Schafzucht beruht die Wirtschaft von Harris vorwiegend auf dem weltbekannten Harris-Tweed, der nach wie vor auf handwerklicher Basis von Webern in Heimarbeit hergestellt wird.*

KULTUR UND GESCHÄFTSLEBEN IM HERZEN SCHOTTLANDS

Oben *Die Brücke über den River Kelvin und der dichte Bewuchs verstellen den Blick auf jene neogotischen Gebäude, in denen die Universität von Glasgow residiert. An der 1451 von Bischof Turnbull gegründeten, zweitältesten Hochschule der Region lehrte von 1751 bis 1763 einer der Väter des ökonomischen Liberalismus, Adam Smith. Zu seinen Studenten zählte James McGill (1744–1813). Er gründete die später nach ihm benannte Universität von Montreal, Kanada.*

Unten und rechts *Zwei charakteristische Panoramaansichten von Edinburgh: Die erste Abbildung zeigt einen Abschnitt der Princes Street in der Dämmerung, die zweite einen Blick auf die Stadt. Princes Street bildet mit zahlreichen Geschäften und Kaufhäusern das kommerzielle Herz der schottischen Hauptstadt. Diese Lebensader, die die Old Town und die New Town voneinander trennt, gilt als eine der interessantesten Straßen ganz Europas. Ihre Silhouette wird vor allem vom Glockenturm des Balmoral Hotels und den hoch aufragenden Fialen der St. Mary's Cathedral geprägt.*

ROYAL BRITISH HOTEL

Edinburgh, die liebenswerte Hauptstadt

Rechts oben *Das Edinburgh Castle war bereits bei den Pikten eine Festung und wurde im 7. Jahrhundert durch König Edwin von Northumbria neu errichtet.*
Rechts *Die St. John's Church verdeckt einen Teil des Edinburgh Castle. Die Royal Mile (»Königliche Meile«), Hauptachse der Altstadt von Edinburgh, beginnt am Burgfelsen und erstreckt sich bis zum Königspalast. Von der Plattform der »Camera Obscura« im Outlook Tower genießt man ein unvergleichliches Panorama.*
Links *Die North Bridge wird von der gewaltigen Burg überragt, einem Komplex von Gebäuden aus unterschiedlichen Epochen.*

St. Giles Cathedral wurde auf den Fundamenten einer vormals romanischen Kirche zwischen 1387 und 1450 im gotischen Stil errichtet und in der Folgezeit mehrmals umgestaltet – was dem Gotteshaus nicht unbedingt zum Vorteil gereichte. Die unter Charles I. und Charles II. kurzzeitig zur Kathedrale erhobene Kirche beherbergt heu-

te unter anderem das Grab des Marquis of Montrose (Foto). Sehenswert ist die Thistle Chapel (die Abbildung zeigt ein Detail des Gewölbes), die dem »Most Ancient and Most Noble Order of the Thistle«, dem exklusivsten und ältesten Ritterorden Schottlands mit 16 Mitgliedern plus König oder Königin, vorbehalten blieb. Über

der Eingangsarkade zur Kapelle sind zwei charakteristische schottische Motive zu sehen: Die Distel und der von einem Engel gespielte Dudelsack. Besonders letzteres ist ein deutlicher Beleg für die Fähigkeiten der Schotten zur Selbstironie, die ihnen bekanntlich von nicht wenigen Leuten abgesprochen wird.

Die Schönheit und Eleganz der Kirchenfenster, die die High Kirk (das gälische Wort für church, Kirche) of St. Giles zieren, sind überwältigend. Einige wurden von den berühmten Malern William Morris und Edward Burne-Jones geschaffen.

S. 64/65 *Holyrood Palace zählt zu den besonderen Sehenswürdigkeiten der Stadt. Im 12. Jahrhundert als Abtei gegründet, wurde er für Charles II. gegen Ende des 17. Jahrhunderts von Grund auf umgestaltet, obwohl der*

Herrscher nie einen Fuß hineingesetzt hat. Hier wurde 1558 unter den Augen seiner Königin und vielleicht auch Geliebten, Maria Stuart, deren italienischer Sekretär David Rizzo umgebracht, und hierher verlegte 1745 Bonnie Prince Charlie seinen Hof. Nachdem Georg IV. bei seinem Besuch in Schottland und später auch Königin Viktoria sowie Prinz Albert sich hier einquartiert hatten, ist der Palast bis heute Residenz der königlichen Familie in Edinburgh geblieben.

Lord Provost of Edinburgh
March 10th 1874 Nov 5th 1877

Die Schotten lieben ihren Whisky auf verschiedene Weise: pur, mit einem Glas Wasser dazu oder gemischt mit Sodawasser. Die Nachtaufnahmen geben die typische Atmosphäre des Ryrie & Co. Pub wieder. Wie im übrigen Großbritannien kann man auch in den schottischen Pubs eine warme Mahlzeit zu sich nehmen, oft gibt es hier sogar ein typisches Gericht der Region. Zu den Gästen gehören Punks ebenso wie ältere Gentlemen im Tweed, geöffnet ist im allgemeinen montags bis samstags von 11–23 Uhr. Der Ausschank von alkoholischen Getränken ist strikt auf volljährige Personen beschränkt. Rose Street in Edinburgh ist für ihre zahlreichen Pubs bekannt.

Rechts oben *Die Bennets Bar, in der man sich zu einem Plausch und einem Krug Bier oder einem Glas Whisky*

trifft, ist einer der Highlights Schottlands. Hier kann man in ursprünglichster Atmosphäre die berühmten hochprozentigen Erzeugnisse Schottlands genießen, deren Herstellung erst 1820 industrialisiert wurde: pur, mit einem Glas Wasser dazu, oder als Longdrink mit Limonade. Königin Viktoria trank Whisky pur, aromatisierte ihren Tee damit oder mischte ihn mit prickelndem Sprudelwasser.

Die National Gallery of Scotland in Edinburgh ist in einem neoklassizistischen Bau untergebracht und wurde zwischen 1822 und 1845 errichtet. Als eine der größten Gemäldesammlungen des Vereinigten Königreichs verfügt die Galerie unter anderem über eine bedeutende Kollektion italieni-

scher Renaissancemeister, flämischer Maler, Impressionisten sowie natürlich über Werke der schottischen und englischen Schule. Hier finden sich auch Gemälde von Raffael, Tizian, Rubens, Perugino, Goya, Rembrandt, van Dyck, aber auch von Cézanne, Turner, Monet und Degas.

X
XI
XII

Glasgow, der Motor Schottlands

Glasgow kann sich zweier Universitäten rühmen: der altehrwürdigen Glasgow University und der Strathclyde University. James Watt, dessen sensationelle Erfindung der Dampfmaschine die industrielle Revolution einläuten sollte, arbeitete an der Glasgow University als Mechaniker. Ca. 20 Prozent der berühmtesten Wissenschaftler und Ingenieure Großbritanniens nennen Schottland ihre Heimat. Dazu zählen Männer wie John Dunlop, der Erfinder des Reifens, John Macadam, Schöpfer der gleichnamigen Straßendecke, und Charles MacIntosh, der seiner Erfindung, dem Regenmantel, seinen Namen verlieh.

Rechts *Die West George Road ist eine der wichtigsten Verkehrsadern Glasgows.*

National&
Provincial
FOR SALE
50,000 SQ.FT
PRESTIGIOUS OFFICE
DEVELOPMENT
WITH PLANNING PERMISSION

Althergebrachte Traditionen reichen bis ins Herz der Universität hinein: Unter den neogotischen Gewölben der Kapelle werden von jeher schottische Hochzeitszeremonien abgehalten. Die Braut trägt wie hier ein konventionelles Brautkleid, den Bräutigam und die männlichen Geladenen hingegen kleidet das typische Zeremoniengewand, zu dem der Familienkilt und die entsprechenden Kniestrümpfe gehören. Die Glasgow University gilt bis heute als ein Symbol für den Erfindungsreichtum der Schotten. Im 18. und 19. Jahrhundert lebte und arbeitete hier eine außergewöhnliche Zahl von begabten Wissenschaftlern. Unter ihnen waren Adam Ferguson, der Vater der Soziologie, und John Napier, Entdekker der Logarithmen. Charles Lyell, der Begründer der modernen Geologie, James Clerk Maxwell, der Entdekker der Theorie des elektromagnetischen Feldes, Lord Kelvin – er stellte den Zweiten Hauptsatz der Thermodynamik auf – und William Cullen waren ebenfalls hier tätig. Der wohl berühmteste von all diesen Männern war Alexander Fleming, der Erfinder des Penizillins.

S. 74/75 *In Glasgow erblickte einer der berühmtesten Architekten des beginnenden 20. Jahrhunderts das Licht der Welt: Charles Rennie Macintosh. Als Verfechter des Jugendstils hat er in seiner Geburtsstadt eine ganze Reihe Werke in dieser Kunstrichtung geschaffen: Die schönsten Häuser der Sauchiehall Street stammen von ihm, die Glasgow School of Art und die Queens Cross Curch sind ebenfalls sein Werk. Die Hunterian Art Gallery der Glasgow University beherbergt neben Entwürfen und Objekten auch einen Nachbau des Hauses von Macintosh, die Ausstattung der Willow Tearooms, die er Anfang des Jahrhunderts entworfen hatte, sind hingegen in der hier abgebildeten Kelvingrove Art Gallery ausgestellt.*

Rechts *Die Bilder zeigen zwei typische Glasgower Lokale: Das originelle Café-Restaurant Gandolfi ist in die Räumlichkeiten des früheren Käsemarktes eingezogen und hat dabei die ursprüngliche Einrichtung beibehalten. Die Horseshoe Bar besitzt laut Guinness Buch die längste Theke Europas. Glasgow ist eine kulturell überaus lebendige Stadt und wurde verdientermaßen 1990 zur Europäischen Kulturhauptstadt gekürt. Alljährlich finden hier ein Theaterfestival, ein internationales Folk- und Chormusikfestival sowie ein Jazzfestival statt. Die Scottish Opera hat in Glasgow ihren Sitz, ebenso das Scottish National Orchestra, das Scottish Ballet und die Royal Scottish Academy of Music and Drama.*

Links oben *George Square gilt als das Herz des modernen Glasgows. Unter den zahlreichen Statuen sind die Standbilder der Königin Viktoria und König Alberts sowie das Bildnis von James Watt und des schottischen Nationaldichters Robert Burns zu finden.*
Beherrscht wird der Platz jedoch von der Plastik Sir Walter Scotts, der auf der Hauptsäule thront. Von dem Platz aus blickt man auf das Rathaus der Stadt. William Young hat zu seiner Zeit die City Chambers im venezianischen Renaissancestil geschaffen, Königin Viktoria selbst hielt 1888 die Einweihungsrede – woran man sich auch heute noch in Glasgow gern erinnert und es die Fremden wissen läßt.

Links unten *Von der Kingstone Bridge genießt man bei Nacht einen herrlichen Blick auf das monumentale Glasgow. In den 70er Jahren versuchte man die am stärksten verfallenen Viertel zu sanieren. Leider verschwanden dabei häufig auch die ursprünglichsten Teile der Stadt.*

Rechts *Die Kathedrale von Glasgow erinnert in der Abenddämmerung an ein erleuchtetes Schiff. Erbaut wurde sie zwischen 1123 und 1136 auf dem Grab von St. Mungo, dem Schutzpatron der Stadt, an der Stelle eines durch ein Feuer zerstörten älteren Gotteshauses. Zu dem Gebäudekomplex gehören einige neuere Teile wie die Lady's Chapel und die Sakristei, die im 15. Jahrhundert vollendet wurden.*

Es gehört zu den liebsten Gepflogenheiten der Einwohner, im Café-Rouge haltzumachen oder sich unter der imposanten Glas- und Eisenkonstruktion des Wintergartens (in ein Teehaus umgebaut) des People's Palace zu stärken.
Die rote Backsteinkonstruktion beherbergt ein interessantes Kulturzentrum. In dem Haus, dessen Fassade mit allegorischen Figuren verziert ist, befindet sich auch ein Museum zur Geschichte Glasgows. Die Einrichtung zeigt Dokumente, beispielsweise zur Geschichte des Sozialismus, zum Kampf der Frauen um das Wahlrecht, zum Feldzug gegen den Alkohol und zur Arbeiterbewegung. Wer noch ein wenig Zeit hat in der Stadt, sollte dort vorbeischauen.

<u>Rechts</u> *Glasgow hat einen Hang zum Kommerz. Die riesigen Shopping Centres am Princes Square (linkes Foto) entstanden unweit der eleganten, arkadengesäumten Buchanan Street. Auch das St. Enoch Centre (rechts), ein hypermoderner, transparenter Einkaufstempel mit Dachgärten und dem größten Glasdach Europas, ist hier zu finden.*

<u>Unten</u> *Nachdem der Bahnhof von St. Enoch abgerissen wurde, beherbergt der Platz heute das St. Enoch Centre.*

<u>S. 80/81</u> *Glasgow beherbergt eine der schönsten städtischen Pinakotheken Großbritanniens, die Kelvingrove Art Gallery and Museum (auf dem Foto die Haupthalle). Ihre Sammlungen sind unbedingt sehenswert.*

ENQUIRIES
kidspace

SHOPCAFE

Aberdeen und das schwarze Gold

Mercat Cross bildete einst den Dreh- und Angelpunkt der Wirtschaft von Aberdeen. Die Säule aus dem Jahre 1668 wird von einem Einhorn gekrönt, in die hexagonale Basis sind Wappen und Büsten der Herrscher aus der Stuart-Dynastie eingefügt. Das Monument wurde von den Innungen der Stadt gestiftet.

Union Street, hier bei Sonnenuntergang aufgenommen, ist Aberdeens Hauptgeschäftsstraße. An der Mündung der Flüsse Don und Dee gelegen, ist die Stadt die drittgrößte Schottlands.
Außer dem Fischfang, der fischverarbeitenden Industrie und dem Export von Vieh sind in Aberdeen die wichtigsten Ölkonzerne mit ihrem Firmensitz vertreten. Auch Granit wird von hier aus exportiert, die Stadt ist berühmt für ihre grau-silbernen Gebäude aus diesem Gestein. Seit den 70er Jahren profitiert Aberdeen von den nahegelegenen Ölplattformen in der Nordsee, und der Aufschwung macht sich überall bemerkbar.

Inverness im Herzen der Highlands

Das nächtliche Inverness besitzt den reinen Charme einer Stadt des Nordens. Die Hauptstadt der Highlands, mit dem Caledonian Canal und der Burg aus dem 18. Jahrhundert, ist ein wichtiger Bahn- und Straßenverkehrsknotenpunkt. Mehrmals in ihrer Geschichte wurde sie dem Erdboden gleichgemacht. Sehenswert der Clach-na-Cudainn (Kübelstein). Auf ihm stellten die Frauen die Kübel ab, mit denen sie am Fluß Wasser geschöpft hatten. Die Tradition besagt, daß Inverness solange prosperieren wird, wie der Stein in der Stadt bleibt.

DÖRFER, SCHLÖSSER UND GESPENSTER

Oben *Die Kleinstadt Oban ist eine beliebte Sommerfrische an der Westküste. Von hier aus verkehren zahlreiche Fähr- und Ausflugsschiffe zu den Hebriden. Überragt wird sie von dem einzigartigen McCaig's Tower, auch bekannt als McCaig's Folly; „McCaigs Verrücktheit" ist eine unvollendete Replik des Kolosseums, die ein reicher Bankier 1897 errichten ließ, um etwas gegen die Geißel der Arbeitslosigkeit zu unternehmen. Leider starb McCraig vor der Vollendung.*

Unten *Craigellachie, am Zusammenfluß von Spey und Fiddich gelegen, ist sowohl für seine elegante Eisenbrücke von Thomas Telford wie für die gleichnamige Brennerei von Malt Whisky bekannt, der bei der Komposition von Blended Whisky der Marke White Horse Verwendung findet. Das Gebäude, in dem sich die 1891 gegründete Whisky-Brennerei niedergelassen hat, stammt aus den 60er Jahren. In der Stadt befindet sich außerdem die Brennerei The Maccallan von 1824.*

Rechts *Crail ist mit seinen kleinen weißen Häusern und den roten Dächern ein typisches Dorf des Fife, der Grafschaft in Zentralschottland, die an drei Seiten von der Nordsee umspült wird. Die Küste ist für ihre Naturschönheiten und kleinen Fischerdörfer berühmt, von hier nahm die schottische Fischereitradition ihren Ausgang.*

Die magische Schönheit der alten Fischerhäfen

Unten *St. Monance, in der Umgebung von Crail gelegen, war einst Ziel der Seefahrer. Hier wurden alle Fischerboote des Fife gefertigt, heute sind es nur noch Yachten. Erhalten geblieben sind Gebäude aus dem 17. Jahrhundert und die alte St. Monan's Church, die um 1362 errichtet wurde.*
Rechts *Das Bild zeigt das Städtchen Macduff in der nordschottischen Grafschaft Banff. Es liegt an der Südküste des Moray Firth in der Banff Bay, die vom Delta des Deveron gebildet wird. Entstanden ist Macduff auf einem Hügel an der Bucht, genau gegenüber der alten Hansestadt Banff.*
S. 90/91 *Portree, Hauptort der Insel Skye, liegt auf einem felsigen Vorgebirge. Seine kleinen, mit frischen Farben gekalkten Häuser blicken auf einen Hafen, der durch die nahegelegene Insel Raasay geschützt wird. Portree hieß bis 1540 Kiltaraglen, änderte jedoch zu Ehren James' V. seinen Namen und wurde zu Port an Righ, the King's Port. Das Gebot der Sonntagsruhe wird hier so streng befolgt, daß selbst die Fähren, welche die Insel mit dem Rest des Landes verbinden, am Sonntag nicht verkehren.*

AKKA

St. Andrews, Heimat des Golfsports

Links und oben *Auf dem Grün des berühmtesten Golfkurses der Welt, dem Old Course des Royal and Ancient Golf Club von St. Andrews, lochen abwechselnd Champions und Anfänger die weiße Kugel ein. Gegründet am 14. Mai 1754 von 22 „noblemen and gentlemen", die sich als „Bewunderer der alten und gesunden Übung des Golfspiels" verstanden, genießt der Club uneingeschränktes Prestige. Im Jahr 1894 legte er die international verbindlichen Regeln des Golfsports fest, die auch heute noch von hier aus, in Übereinstimmung mit der United States Golf Association, aktualisiert und modifiziert werden. In St. Andrews wurde auch erstmals jener Parcours gespielt, der in der Folgezeit zum Prototypen für die heute üblichen 18-Loch-Bahnen werden sollte: ein Platz mit neun Löchern, der in beiden Richtungen absolviert werden muß. James II. sah sich genötigt, das Golfspielen zu verbieten, weil es die jungen Männer von der nobleren und für das Kriegshandwerk ungleich wichtigeren Übung des Bogenschießens abhielt.*

Rechts Mitte und unten *Die Ruinen der Kathedrale und der Burg bilden die Hauptsehenswürdigkeiten von St. Andrews. Zwischen 1160 und 1318, als die Stadt das religiöse Zentrum des Landes darstellte, wurde die Kathedrale erbaut, die größte Kirche in ganz Schottland. In der Folgezeit war sie dem Verfall preisgegeben, erhalten blieben Reste der Ostwand des Chors mit einem spätgotischen Fenster, Teile des südlichen Querschiffs, die Südwand des Schiffes, die Westfassade und das Domkapitel sowie der Friedhof. Viele Anhänger der Reformation wurden hier als Häretiker verurteilt. Nach ihrer Hinrichtung kam es zu Aufständen, die zur Besetzung von St. Andrews Castle durch die Anhänger des Reformators John Knox und zur Ermordung des Kardinals David Beaton führten. Erst nach einjähriger Belagerung kapitulierten die Aufständischen.*

Die Häfen in der Region Fife

In Pittenweem und Anstruther spielen sich Alltagsleben und Arbeit naturgemäß in der Umgebung des Hafens ab. Erstgenannter Ort, wichtigstes Fischereizentrum an der Nordküste des Firth of Forth, zeichnet sich durch eine Reihe alter Gebäude aus. Die geschäftige Kleinstadt birgt außerdem Reste eines augustinischen Klosters aus dem 14. Jahrhundert. Auch Anstruther, ähnlich pittoresk mit seinen Little Houses am Wasser, lebt von seinem Hafen. Bis zum Jahre 1940, als der Heringsbestand in diesen Gewässern rapide zurückging, zählte der Ort sogar zu den größten Fischereihäfen der Region. Das Scottish Fisheries Museum ist hier beheimatet: Gegenstände, alte Fotografien und Gemälde vergegenwärtigen das Leben der Fischer in diesem Gebiet. Ein weiteres kleines Museum wurde 1975 auf dem ehemaligen Leuchtturmschiff North Car Lightship eingerichtet.

S. 96/97 *Der alte Fischerhafen Ullapool, der sich längs des Nordufers des Loch Broom erstreckt, wurde 1788 von der British Fisheries Society für die Heringsfischerei angelegt. Ein dank des Golfstroms mildes Klima, nahegelegene Seen und Berge, dazu ein Hafen, der der Verbindung zu den Äußeren Hebriden und im Sommer als Anlegestelle für naturkundliche Ausflugsdampfer zu den Summer Islands dient, haben Ullapool zu einem vielbesuchten Urlaubsziel werden lassen.*

PRESTO

UL 168

Die Abbey Church of Holy Trinity ist die Kathedrale von Dunfermline, der Stadt am Nordufer des River Forth, die sich durch Seide und Damast einen Namen machte. Die Kirche des 1070 von Queen Margaret von England gegründeten Klosters wurde 1303 von den Engländern fast vollständig zerstört, danach wieder aufgebaut, in

Borders – der englische Einfluß

der Reformation jedoch erneut verwüstet. Erhalten blieben ein romanisches Schiff sowie Bögen um Türen und Fenster. Der Chor und der Vierungsturm wurden 1820 im neugotischen Stil ergänzt. Robert the Bruce, Lichtgestalt der Schotten und ihr König von 1307 bis 1329, fand hier seine letzte Ruhestätte.

Unten *Cricket und Boccia zählen neben Golf und Rugby zu den beliebtesten Sportarten des Landes. Schottland hat viele ausgezeichnete Sportler hervorgebracht und bietet beste Möglichkeiten für zahlreiche sportliche Aktivitäten: Skifahren in Aviemore, Glen Coe, Glenshee und Lecht. Hillend in den Pentland Hills besitzt die größte Kunstschneepiste Großbritanniens. Trekking und Bergsteigen kann man auf den insgesamt 279 Bergen, die über 900 Meter hoch sind, Tauchen hingegen in der Gegend um Oban, Ullapool, St. Abbs Head. Selbst Windsurfen wird an der Nordküste, zwischen Bettyhill, Thurso und John o'Groats, angeboten.*

Der Klang des Dudelsacks und die symbolträchtigen Tanzgesten, etwa der berühmte Highland Fling, gehören zu den verbreitesten Stereotypen, die Schottland weltweit berühmt gemacht haben. Entstanden sind diese Klischees auf der Welle der Begeisterung für Sitte und Gebräuche der Highlands, die Queen Viktoria im 19. Jahrhundert auslöste. Traditionelle Instrumente der schottischen Musik sind – neben dem Dudelsack – die Violine und die schottische Harfe. Auf den vielen Folk-Festivals, die seit den 60er Jahren (von Ostern bis in den Herbst hinein) die Wochenenden prägen, stehen sie stets im Mittelpunkt des Interesses.

Whisky und Dudelsäcke

Die Strathisla-Brennerei in Keith in den Highlands wurde schon im Jahre 1786 gegründet und zählt damit zu den ältesten in Schottland. Die schöne Granitkonstruktion mit Pagodendächern, den Kilns, Trocknungsanlagen für die Malzgerste, an denen die Malzwhisky-Brennereien von anderen zu unterscheiden sind, birgt außerdem einen kleinen Raum mit Destillierkolben. Die hier erzeugten Malts bleiben in der Regel dem Blend der exklusiven Marke Chivas Regal de Luxe vorbehalten.

Oben *Das Faßlager ist Ausdruck des Traditionsbewußtseins der Glenfiddich Distillery in Dufftown, Speyside. Sie ist derzeit die einzige Brennerei in Schottland, in der der Single Malt direkt in Flaschen abgefüllt werden kann.*

Unten und rechts *Die Abbildungen zeigen die großen Fermentationsbehälter der Dalwhinnie-Brennerei in Speyside. Form und Größe der riesigen Destillierkolben bestimmen den Geschmack des Whiskys. Die Brennerei ist der höchstgelegenste Whisky-Betrieb Schottlands und wurde 1897 unter dem Namen Strathpey Distillery errichtet. Nach ihrer Zerstörung durch ein Feuer wurde sie 1934 wieder aufgebaut. Sie produziert einen leichten, aromatischen, schwach nach Torf riechenden Malt.*

Die Bastionen des Nordens

Die letzten Sonnenstrahlen werfen ihr Dämmerlicht auf die kleine Stadt Stirling, Hauptort der Central Region. Sie entstand am Ufer des River Forth und rühmt sich unter anderem einer grauen, hoch oben auf dem Felsen gelegenen steinernen Festung, die auf uralten Fundamenten entstand. Die Burg war einst bevorzugter Aufenthaltsort der Stuarts. James III. und möglicherweise auch James IV. kamen hier zur Welt, James V. verbrachte hier seine Kindheit, König Alexander I. (1124) und William I. the Lion (1214) starben hier.

DIE GEHEIMNISVOLLE FASZINATION DER HIGHLANDS

Die Bilder zeigen drei berühmte Burgen, die sich jedoch hinsichtlich ihrer Geschichte und Architektur unterscheiden. Zwei von ihnen sind signifikanter Ausdruck eines eigenen schottischen Stils. Im 19. Jahrhundert, als neogotische Tendenzen wieder auflebten, wurde der Scotch Baronial Style kreiert – mit Thirlestane (oben) und seinen eleganten Türmchen sowie dem düsteren und majestätischen Eilean Donan (rechts) inmitten des Loch Lomond. Ob massig oder elegant, die Burgen und Schlösser entwickelten sich im 11. Jahrhundert aus einfachen befestigten Türmen, welche wiederum auf künstlich aufgeschütteten, von Palisaden und Gräben umgebenen Hügeln errichtet wurden. Sie verleihen den schottischen Landschaften ihren besonderen Reiz. Mellerstain House hingegen (unten), in der Grafschaft Berwick gelegen, ist ein georgianisches Gebäude. 1725 von William Adam errichtet, jedoch erst 1788 von dessen Sohn Robert vollendet, ist es innen mit Stuck und neoklassizistischen Dekors versehen.

Wachposten der Geschichte

Dunnottar Castle aus dem 15. Jahrhundert verdankt seine Ausstrahlung und seine außergewöhnliche Dramatik vor allem dem Felssporn, auf dem es emporragt. Und es hebt selbst den Fels in seinem ungezähmten Charakter noch hervor.

Weniger spektakulär sind die Reste der Burg von Slains unweit von Aberdeen oder die Ruinen des strengen und imposant wirkenden Caerlaverock Castle in der Gegend von Dumfries. Ursprünglich im Besitz des Grafen Maxwell of Nithsdale, wurde die Burg

1290 mit dreieckigem Grundriß erbaut, 1460 und 1634 überarbeitet und sechs Jahre später, am Ende einer langen Belagerung, teilweise dem Verfall preisgegeben. Im Gegensatz zum mittelalterlichen Äußeren ist die kostbare Inneneinrichtung aus dem Jahre 1650 im Renaissancestil gehalten.

Floors Castle, unweit von Kelso gelegen und in gotisch-barockem Stil gehalten, ist nach wie vor im Besitz der Herzöge von Roxburghe, für die es auch erbaut wurde. Das Erscheinungsbild des gegen Ende des 18. Jahrhunderts von William Adam errichteten Schlosses prägen zahlreiche Fialen, Firste und Wasserspeier. In der viktorianischen Epoche wurde es wesentlich erweitert und verändert. Im Innern befinden sich neben französischen Möbeln aus dem 17. und 18. Jahrhundert eine Reihe flämischer Wandteppiche und eine wertvolle Sammlung moderner Malerei.

Schloß Fyvie, unweit der Ortschaft gleichen Namens, befindet sich inmitten eines riesigen Parks, zu dem auch ein kleiner See gehört.
Das Gebäude aus dem 13. Jahrhundert wurde mehrmals umgestaltet, insgesamt fügte man fünf Türme hinzu, je einen für jede der großen Familien, die nach und nach in Besitz des Schlosses kamen.
Die letzten umfassenden Renovierungen hat man im vergangenen Jahrhundert vorgenommen. Im Innern befindet sich eine bedeutende Pinakothek mit Werken von Raeburn und Gainsborough.

Das Schloß der Königinnen

Die Innenräume des Märchenschlosses von Glamis sind mit Holzvertäfelungen, Jagdtrophäen und Möbeln aus dem 14. bis 19. Jahrhundert gestaltet. Der Speisesaal ist stets mit frischen Blumen geschmückt. Gleiches gilt für das Schlafzimmer der Königinmutter, Lady Elizabeth Bowes-Lyon, die, ebenso wie die jetzige Königin Elizabeth II., ihre Kindheit auf Glamis Castle verbrachte. In dem gegen Ende des 18. Jahrhunderts gebauten Flügel ist vor allem der Billardsaal sehenswert, dem ein Stilleben von Rubens zusätzlichen Reiz verleiht. Nicht zu vergessen sei auch die Kapelle, deren Holztäfelungen mit biblischen Motiven verziert sind und wo der Geist

der unglückseligen Dame in Grau erschienen sein soll. Wie auch Lord Crawford haben offenbar viele dieser geheimnisvollen Gäste in Weiß Glamis Castle zu ihrem Wohnsitz auserkoren.

S. 114/115 *Glamis Castle erhebt sich unweit von Forfar, Hauptort der Grafschaft Angus. Das im 14. Jahrhundert im schottischen Baronialstil errichtete Schloß wurde in der Zeit von 1630 bis 1695 laufend erweitert.*

Stirling, die Festung der Schande

Die Burg von Stirling, eine mächtige Festung aus grauem Stein auf dem Gowan Hill, liegt nordwestlich der gleichnamigen Stadt, die als „Bollwerk des Nordens“ bekannt ist.
Die Stadt befindet sich auf einer gedachten Linie, welche Nord- und Süd-

schottland verbindet, und war daher strategisch äußerst bedeutsam. Kein Wunder, daß Stirling und mit ihm Stirling Castle jahrhundertelang Objekt kriegerischer Auseinandersetzungen zwischen miteinander verfeindeten Parteien waren. Das Gebäude, lange Zeit zur Kaserne umfunktioniert, war Sitz der Erskines, die als Vögte des Königs zu Macht, Reichtum und Ansehen gelangten.
Zum befestigten Teil des Komplexes gehören Bauten, die überwiegend aus dem 15. und 16. Jahrhundert stammen: so der zwischen 1460 und 1540 errichtete Renaissancepalast mit einem Innenhof, der von großen Statuen geschmückt wird. Die Parliament Hall geht ebenfalls auf das 15. Jahrhundert zurück, die Chapel Royal auf das Jahr 1594. Absolut sehenswert sind auch das Militärmuseum mit zeitgeschichtlich äußerst interessanten und nicht nur für Schotten aufschlußreichen Exponaten und die berüchtigte Douglas Hall aus dem 15. Jahrhundert. Von hier warf der auch bei anderen Gelegenheiten partpout nicht gerade von Gewissensbissen geplagte James I. die Leiche des Grafen Douglas, den er kurz zuvor ermordet hatte, aus dem Fenster in den Garten. Fürwahr ein schauerlicher Ort…

70
87
69
EXIT

Das in Perthshire in den Grampian Mountains gelegene Blair Castle verdankt sein heutiges Aussehen einer Reihe von Umgestaltungen, die im Laufe der Zeit vorgenommen wurden: 1756 entstand die Freitreppe mit der Ahnengalerie. Nachdem es 1689 zur Hälfte zerstört worden war, wurde das Schloß zwischen 1869 und 1904 umfassend restauriert. Besonders eindrucksvoll sind der Ball Room, die Empfangshalle mit Jagdtrophäen, Schwertern, Bögen, Schilden und Flinten sowie der barocke Speisesaal.

S. 120/121 *Schloß Blair, um die Mitte des 13. Jahrhunderts erbaut, ist seit fast 400 Jahren im Besitz der Dukes of Atholl. Sie haben als einzige in Großbritannien das Recht, ein eigenes Heer zu unterhalten: Die Atholl Highlanders zeigen sich einmal im Jahr mit einer Militärparade der Öffentlichkeit.*

Der massige Bau von Scone Palace liegt inmitten eines großen Parks am Rande von Perth, Hauptort der Grafschaft Perthshire, am Ufer des River Tay. Die derzeitige Residenz des achten Grafen von Mansfield steht an der Stelle, wo sich einst Scone Abbey erhob, die um die Mitte des 16. Jahrhun-

Scone Palace und der Schicksalsstein

derts zerstört wurde. An gleicher Stelle war bis 1297 – Datum des Sieges von Edward I. über die Schotten – der Stone of Scone, der sogenannte Schicksalsstein aufbewahrt. Auf ihm wurden die Könige von Schottland gekrönt, heute liegt er in der Westminster Abbey. Das heutige, von Winkeltürmchen gezierte Gebäude reicht in das ausgehende 16. Jahrhundert zurück, Umbauten fanden 1802 statt. Der Palast birgt unter anderem eine Stickerei von Maria Stuart und einen Schreibtisch, der einmal der Königin Marie Antoinette gehörte. Reich mit Stuck verziert sind der Speisesaal und das sogenannte Botschafterzimmer, tatsächlich war einer der Earls of Mansfield in dieser Funktion am Hofe des französischen Königs Louis XVI. tätig. Die Bibliothek beherbergt eine bedeutende Sammlung von altem deutschem, chinesischem und französischem Porzellan.

Links *Crathes Castle nahe Aberdeen besteht aus einem Turm des 15. Jahrhunderts, dem später ein Gebäude angefügt wurde.*
Unten *Abbotsford House, unweit von Galashiels, beherbergt heute ein Museum, das dem romantischen Schriftsteller Sir Walter Scott gewidmet ist, der in seinen Büchern das schottische Mittelalter wieder zum Leben erweckte.*
Rechts oben *Fraser Castle (17. Jahrhundert) steht nahe Aberdeen.*
Rechts unten *Drum Castle, 20 Kilometer westlich von Aberdeen, ist ein eleganter Viereckturm, der erst 1619 und dann in viktorianischer Zeit um zwei Flügel erweitert wurde, bis sich die endgültige, heute noch bestehende „U"-Form des Bauwerks ergab.*

Der schottische Baronialstil

S. 126/127 *Der große italienische Garten und das faszinierende Dunrobin Castle im Norden des Landes an der Ostküste zwischen Golspie und Brora befinden sich im Besitz der Herzogfamilie Sutherland. Das auf einer natürlichen Terrasse über dem Meer erbaute Schloß hat einen wesentlich älteren Kern, der auf das Jahr 1275 zurückgeht. Im Jahr 1844 wurde das Gebäude im Baronialstil erweitert.*
S. 128 *Der Leuchtturm von Neist Point auf der Insel Skye, die auch unter dem Namen Misty Island („Nebelinsel") bekannt ist, wacht über die Nordküste Schottlands. Skye, mit einer extrem zerklüfteten Küste, mißt in der Länge rund 80, in der Breite etwa 50 Kilometer und gilt als eine der schönsten schottischen Inseln.*

BILDNACHWEIS

Alle Fotografien von Massimo Borchi/White Star außer den folgenden: Stefano Ariditо: S. 32, 33. Gianna e Tiziana Baldizzone: S. 54/55. Anne Conway: S. 49, 100/101. Annamariea Molli/Focus Team: S. 20/21, 23 oben. Photo Bank: S. 22, 23 unten. Andrea Pistolesi: S. 48. A. Ponzio: S. 46/47.

Die Deutsche Bibliothek - CIP-Einheitsaufnahme

Reise durch Schottland / Klaus Hillingmeier – Würzburg : Stürtz, 1996
ISBN 3-8003-0719-7
NE: Hillingmeier, Klaus

Überarbeitete Neuauflage 1997

Gestaltung: Patrizia Balocco
Schutzumschlag: Margarita Mengele
Übersetzung (Bildunterschriften): Simone Mudra, Köln

ISBN 3-8003-0719-7